AUX HABITANTS

DES

CAMPAGNES

PAR M. OCTAVE NOEL

PREMIÈRE LETTRE

PARIS
TYPOGRAPHIE F. DEBONS ET Cie
16, RUE DU CROISSANT, 16

PREMIÈRE LETTRE

AUX HABITANTS DES CAMPAGNES

Par M. Octave NOEL

—o—

Langrune-sur-Mer (Calvados), 23 septembre.

Il entre aujourd'hui dans les procédés de certains partis de nier à l'influence personnelle du régime impérial l'immense accroissement de notre richesse nationale, ainsi que la prospérité prodigieuse dont jouissent actuellement les campagnes, et d'attribuer à la marche incessante de la civilisation, autrement dit au hasard, ce qui est le fait évident, incontestable, d'une administration pleine de sagesse et de prévoyance. En un mot, on prétend que la forme du gouvernement est indifférente au bien-être comme à la grandeur de la France et ne peut, sous aucun rapport, exercer une pression quelconque sur son avenir. On essaie ainsi de surprendre la bonne foi des classes laborieuses, d'étouffer en elles ce sentiment de gratitude qui les ramène invinciblement vers le passé, et d'égarer ce bon sens naturel qui leur présente le radicalisme comme une décevante chimère et tout autre système que l'Empire comme une négation du progrès.

Cependant, rien n'est plus faux ni plus dangereux qu'une semblable doctrine; rien n'est plus contraire aux intérêts bien entendus des classes agricoles, et je voudrais, chers amis, vous en faire toucher du doigt la perfidie et le mensonge; je voudrais brièvement, par une simple comparaison du présent au passé, prouver aux populations agricoles et manufacturières qu'en perdant l'Empire, elles ont perdu la source même de leur prospérité; que le bien-être qui les caractérise de nos jours est réellement inhérent au système politique et économique inauguré par le gouvernement impérial, qui en a fait pendant dix-huit ans l'heureuse application, et que le retour de ce régime seul peut leur en garantir la durée et le perfectionnement.

Trois causes principales, intimement liées l'une à l'autre, ont, à notre avis, exclusivement contribué à transformer le sort des habitants des campagnes et à répandre parmi eux cette aisance qu'on se plaît à leur reconnaître : l'extension des voies de communication ; l'ouverture de nouveaux débouchés par l'adoption du principe de la liberté commerciale, et la facilité de l'épargne. Or, ces trois stimulants de la richesse publique sont l'œuvre de l'Empire, ou tout au moins lui doivent leur vitalité et leur développement.

Commençons par le premier, l'extension des voies de communication.

Au moment où l'Empire, rappelé par les vœux du pays, faisait succéder l'ordre et le travail à l'anarchie de la seconde république, la France n'occupait qu'un rang très secondaire parmi les nations dotées de chemins de fer : à peine comptait-elle un réseau de 3,500 kilomètres, reliant entre eux quelques centres parmi les plus populeux et les plus importants, à l'exclusion de ces nombreuses contrées agricoles où la richesse exubérante attendait, pour s'accroître encore, des voies de communication jusqu'alors inconnues et des débouchés nouveaux. Pendant vingt années, cette grande industrie, destinée à une si glorieuse et si utile carrière, avait végété, rejetée par les industries rivales dont elle menaçait l'existence et mollement encouragée par le Pouvoir lui-même, dont un des membres, réservé à la plus haute magistrature politique, en considérait l'introduction en France comme une sottise et une folie. M. Thiers, que la mort vient de frapper, se montrait, en effet, hostile à la construction des chemins de fer et prétendait que ce puissant instrument de locomotion n'avait aucune chance d'avenir dans notre pays. L'un des premiers soucis du gouvernement impérial fut d'étendre le réseau commencé et de lui donner plus de force en intéressant à son succès la nation tout entière. Jusque-là, les lignes entreprises ou construites avaient été laissées à la discrétion de quelques sociétés privées, ou même de quelques individus, et l'insuffisance de capitaux, en arrêtant l'essor de l'entreprise, en avait compromis l'avenir. Une loi admirable réunit les tronçons épars de notre modeste réseau, en forma de puissantes Compagnies, honorées bientôt de la confiance publique et auxquelles l'Etat s'empressa de donner l'appui de son propre crédit ; puis, par la diffusion dans toutes les mains des titres nombreux, actions et obligations, qui représentaient, dans leur ensemble, le vaste capital employé dans la construction de nos chemins de fer, l'Empire éleva cette magnifique création, jadis chétive et mourante, à la hauteur d'une œuvre éminemment nationale. Sous son œil vigilant, avec son appui, sous son contrôle incessant, des lignes nouvelles vinrent s'ajouter aux anciennes ; sur tous les points du territoire, des chemins ferrés s'allongèrent comme de vastes artères, portant la vie et la richesse jusque dans les contrées les plus déshéritées. Les fruits de la terre, que l'absence de voies de communication condamnait le plus souvent à être consommés à vil prix dans un rayon insignifiant ou même dans le lieu qui les avait vus naître, allèrent s'échanger à des taux rémunérateurs dans les centres les plus éloignés : le Nord tendit désormais la main au Midi, l'Est à l'Ouest ; Paris, capitale de la France et rendez-vous du monde, devint une vaste halle où les produits de toutes les températures vinrent s'accumuler : les vins du Midi, de la Gironde, de la Bourgogne s'y donnèrent rendez-vous avec les primeurs, les fruits, les beurres, les volailles, les bœufs et les chevaux de la Normandie, de la Bretagne et du Chollet. La facilité des transports engagea la plupart des propriétaires fonciers à améliorer leurs terres ; des sols jusque-là improductifs changèrent d'aspect sous l'effet des engrais amenés de fort loin et à des conditions peu onéreuses, des landes immenses furent défrichées et produisirent, en peu d'années, des récoltes abondantes que l'accroissement de la consommation obligea les cultivateurs à augmenter encore à l'aide de procédés de culture perfectionnée. Naturellement, la propriété des campagnes s'éleva en valeur et leur revenu ne tarda pas à doubler, parfois même à quadrupler : des terres achetées vingt ans auparavant sept cents francs l'hectare et réputées improductives produisirent, à force de soins et de persévérance, de magnifiques récoltes et se revendirent au prix de quinze cents et même de deux mille francs; des métairies d'un rapport de treize à quatorze cents francs, en 1852, donnaient déjà, en 1856, à leurs propriétaires un rendement supérieur à onze mille francs; et, sur la presque totalité du territoire, la rente de la terre s'élevait de cent cinquante pour cent.

Ainsi, en dix-huit ans, le gouvernement impérial, qui avait trouvé la France insuffisamment outillée au point de vue des débouchés, peu ou mal pourvue de voies de communication, sillonnait tous les départements de chemins, de routes et de lignes ferrées, accroissant de la sorte le réseau total de dix-neuf mille kilomètres de chemins de fer, soit de plus de mille kilomètres par année, sans compter cent cinquante mille kilomètres de chemins vicinaux de toutes sortes et deux nouvelles catégories de routes dues à l'initiative propre du gouvernement de l'Empereur Napoléon et destinées, sous le nom de routes agricoles et routes forestières, soit au défrichement des contrées incultes comme la Sologne, la Brenne, le Dombes et les Landes, soit à l'exploitation des grands massifs forestiers.

On ne peut contester que ces immenses travaux, auxquels l'Empire a consacré des sommes incalculables et qui forment une des parties éminentes de son œuvre, ne soient une des causes premières de la richesse de nos campagnes, et qu'en facilitant le rapprochement des habitants des diverses contrées de la France, en leur permettant d'envoyer sur tous les marchés, même les plus éloignés, les produits de la culture, ils aient répandu le bien-être et jusqu'à un certain point la richesse au sein des populations que les régimes antérieurs avaient oubliées ou négligées.

Eh bien, cette aisance, cette richesse ne peuvent avoir de valeur qu'à la condition d'être durables et, par conséquent, à la condition que les éléments qui ont servi à les créer se perfectionnent à leur tour, et, loin de se maintenir dans l'état où la révolution du 4 septembre les a trouvés, se multiplient encore et accroissent leur puissance en satisfaisant de plus en plus aux besoins incessants de l'agriculture.

Le régime actuel peut-il, sous ce rapport, répondre au vœu des campagnes? Est-il en mesure de léguer à vos enfants les conquêtes du passé? La question mérite qu'on s'y arrête, puisqu'elle engage l'avenir de notre richesse agricole.

Nous savons bien que la fatuité des meneurs du parti radical est à la hauteur de leur incapacité ; que, pour calmer vos craintes, ils vous font entrevoir les dangers d'un changement et, par de vaines et trompeuses promesses, vous engagent à la résignation et à l'acceptation des faits accomplis. « Ces chemins de fer qui vous ont enrichis, disent-ils, ces millions de routes et de voies qui traversent vos hameaux et vos champs, facilitent le transport de vos grains, de vos légumes et de vos fruits et vous permettent d'échanger vos produits contre de bons écus sonnants ou contre des titres de rente et de propriété, tout ce vaste réseau de voies de communication existe. Peu importe quel en soit l'auteur, pourvu que vous puissiez toujours en profiter et que vos enfants soient assurés d'en jouir. Or, tels vous les trouvez, tels nous vous les conserverons, en les améliorant même dans la mesure de notre pouvoir.»

Voilà le langage que vous tiennent les partis, langage mensonger, plein de déceptions pour vous et contre lequel il est bon de vous prémunir. Voyez en effet ce qu'on a fait, depuis 1870, des chemins de fer, de cette première cause de votre bien-être. A peine l'Empire était-il renversé que la république, composée d'élémen s disparates, de vos ennemis, qui sont les nôtres, aggrava le prix des transports sans se soucier de peser sur votre existence laborieuse et de compromettre la prospérité de votre commerce ; puis, sous prétexte d'intérêt général, elle songea à mettre la main sur la propriété même des chemins de fer. Pour ne pas vous effrayer, honnêtes et économes habitants des campagnes, fermiers, éleveurs, vignerons, cultivateurs, vous dont les modestes épargnes se sont transformées en titres de chemins de fer ou en rentes sur l'État, les adeptes du radicalisme firent paraître à vos yeux mille systèmes plus révolutionnaires les uns que les autres; ils vous parlèrent de monopole à détruire, d'omnipotence d'État à faire respecter, et, dansune suite de séances misérables qui seront son éternelle condamnation, ils refusèrent de suivre les utiles exemples de l'Empire, qui avait fait votre fortune, et provoquèrent ainsi la ruine d'une partie de notre réseau.

Voilà l'une des premières conséquences de la chute de l'Empire, et nous pouvons, dès maintenant, prédire qu'elle n'est que le prélude de bien d'autres encore. On ne doit demander à un gouvernement que les fruits qu'il peut donner, et il serait insensé d'exiger du radicalisme, dont l'essence est le désordre et la misère, le travail, la richesse et le progrès, qui appartiennent à l'Empire et à l'aide desquels les campagnes se sont élevées au degré de prospérité dont elles jouissent.

Paris. — Imp. F. Debons et Cie, 16, rue du Croissant.

AUX HABITANTS

DES

CAMPAGNES

PAR M. OCTAVE NOEL

DEUXIÈME LETTRE

PARIS
TYPOGRAPHIE F. DEBONS ET Cie
16, RUE DU CROISSANT, 16

DEUXIÈME LETTRE

AUX HABITANTS DES CAMPAGNES

Par M. Octave NOEL

—o—

Langrune-sur-Mer (Calvados), 24 septembre.

Je vous ai montré, dans ma précédente lettre, ce que l'Empire a fait pour les campagnes, au seul point de vue des chemins de fer et des voies de communication ; je veux maintenant vous rappeler ce que celles-ci doivent à sa législation commerciale et au régime économique dont il a doté la France.

Autrefois, sous l'influence des droits prohibitifs que la première république et les monarchies qui lui succédèrent avaient établis sur tous les produits de la terre, les fruits de la culture étaient condamnés à être consommés sur place sans pouvoir jamais dépasser les frontières, et les denrées étrangères destinées parfois à combler le déficit des mauvaises récoltes n'étaient autorisées à venir sur nos marchés qu'à des conditions si exorbitantes qu'elles équivalaient à une défense. Pour s'assurer des gains exceptionnels, certains intérêts qui dominaient dans les assemblées législatives, où les faisait entrer le suffrage restreint, décrétaient l'interdiction de l'entrée en France des blés étrangers et fixaient eux-mêmes un tarif fort élevé au-dessous duquel il était défendu de vendre le pain. Il s'ensuivait tout naturellement de terribles et périodiques famines qui décimaient les populations laborieuses, et, il y a quelque quarante ans, un ami des campagnes, Voyer d'Argenson, repoussant avec énergie ces lois désastreuses qui les livraient à la misère et à la mort, rappelait que neuf fois dans ce siècle, vos pères avaient dû, pour échapper à la faim, se contenter de racines et d'herbes disputées aux animaux des forêts.

Jusqu'en 1851, rien ne fut modifié à cet état de choses : le même esprit dominait dans les sphères gouvernementales, et le même égoïsme siégeait dans les conseils de la royauté de Juillet comme dans ceux de la république de 1848. Cette dernière même aggravait votre situation, et, non contente d'extorquer sous la forme d'un emprunt forcé vos modestes économies confiées, sou par sou, aux Caisses d'épargne, elle apportait à vos charges, déjà lourdes, ces malheureux 45 centimes d'impositions qui soulevaient, avec tant de raison, l'indignation publique.

L'avénement de l'Empire fut le signal d'une réforme absolue. Appelé au trône par sept millions et demi de suffrages, parmi lesquels ceux des campagnes avaient donné le plus puissant appoint, l'Empereur Napoléon comprit qu'il devait relever de l'infériorité à laquelle l'avaient condamnée les précédents régimes cette population honnête et intelligente au milieu de laquelle résidait vraiment le cœur de la France et qui devait désormais peser d'un poids si décisif sur les destinées du pays. Aussi, le premier usage du pouvoir nouveau qui lui était confié fut-il appliqué à écarter les obstacles opposés jusque-là au développement de la richesse agricole et à ouvrir aux produits de cette puissante industrie les plus larges débouchés.

Par ses soins, l'impôt du sol, si mal

et si injustement réparti, était adouci dans de fortes proportions et dix sept centimes généraux étaient abolis sur le montant de la contribution foncière; chaque année, les prohibitions, si fatales à nos pères, tombaient sous les coups de décrets souverains; les comices agricoles, mis à la mode et partout répandus, encourageaient la culture et récompensaient les plus distingués d'entre ceux qui la faisaient prospérer, et, un jour, jour mémorable qui doit être à jamais gravé dans vos cœurs, le 23 janvier 1860, la vieille forteresse du protectionnisme, battue en brèche par dix années de siége, tombait sapée par le fameux traité de commerce avec l'Angleterre. Vos ennemis vaincus firent entendre des cris de désespoir et de menaces; ils cherchèrent à vous rallier à leur cause perdue en vous présentant ce grand acte comme le point de départ de votre ruine; ils prétendirent qu'en signant ce traité, l'Empire avait livré la France à la Grande-Bretagne et que désormais vos produits seraient écrasés sur les marchés par ceux des nations voisines.

Loin de là. A partir de ce jour, au

contraire, un courant énorme d'affaires se produisit : vos blés, vos fruits, vos beurres, vos bestiaux, vos pommes de terre, vos vins, vos produits de toute sorte, employés précédemment dans la mesure restreinte des besoins locaux, furent avidement recherchés à des prix inconnus jusqu'alors des plus âgés d'entre vous, et bientôt la consommation, dépassant votre production, vous obligea à chercher des procédés plus actifs pour faire rendre à la terre de plus abondantes moissons. Avec l'accroissement des besoins et avec la fécondité du sol, des industries nouvelles se créèrent et les anciennes prirent un plus grand essor. La raffinerie, devenue puissante, encouragea la culture de la betterave qui prit une extension considérable : des terrains abandonnés, réputés incultes, produisirent en peu d'années des millions de cette précieuse racine dont l'écoulement, favorisé par la liberté des échanges, alla porter la richesse dans plusieurs de nos départements les plus populeux. Les vignes, qui n'occupaient qu'une superficie restreinte, s'étendirent indéfiniment ; jusqu'en 1860, les taux élevés des droits de douane avaient interdit l'entrée de nos vins dans les pays étrangers; seules, les récoltes des grands crûs pouvaient aborder la table des plus riches d'entre les grands seigneurs des nations voisines; à peine l'industrie viticole expédiait-elle 30 mille hectolitres de ses produits par année en Angleterre. Après le traité, les expéditions de vins dans ce pays s'élevaient à près de 300 mille hectolitres, et, tandis qu'autrefois la bourgeoisie anglaise, seule unie à l'aristocratie, consommait tout au plus un litre de vin par tête, on calculait en 1870 que la consommation individuelle s'élevait en moyenne à cinq litres. Pour tous vos produits, la progression a été la même, et chaque année les prix en ont été de plus en plus rémunérateurs.

Savez-vous ce qu'en résumé, a procuré à la France cette législation commerciale qui vous a enrichis et contre laquelle les partis s'élèvent avec tant de colère et d'audace? Considérez attentivement les chiffres suivants et comparez : en 1848, le commerce extérieur de notre pays atteignait à peine la somme de 2 milliards 500 millions, importations et exportations comprises ; en dix-huit ans, l'Empire l'a élevé à l'énorme total de 8 milliards 2 millions, dans lequel les produits agricoles sont évalués à plus de 6 milliards ; et la valeur totale des produits exclusivement ruraux de la France, qui n'était, en 1851, que de 5 milliards environ, n'atteint pas moins de 7 milliards 500 millions, malgré l'absence de la Lorraine et de l'Alsace.

En dix-huit années donc, les campagnes ont vu leur capital s'accroître de plus de 20 milliards et leur prospérité dépasser tout ce que les pays les plus favorisés du globe peuvent nous révéler.

Mais pour que ces biens péniblement acquis vous soient conservés, pour que cette prospérité dont vous jouissez si justement vous soit maintenue, il faut que les éléments qui ont contribué à vous les acquérir soient assurés eux-mêmes d'un avenir incontesté. Or, croyez-vous que tout autre gouvernement que l'Empire soit en état de calmer vos inquiétudes sur ce point? Les partis qui vous abusent oseront-ils avancer que les progrès accomplis n'ont pas à craindre pour leur durée et que l'œuvre de l'Empire se perpétuera sans lui, portant comme autrefois les fruits merveilleux dont le pays a joui sans conteste ? Mais alors d'où vient cette inquiétude qui partout règne dans l'atelier, dans la ferme et dans le vignoble? D'où vient cette agitation que les esprits sages et clairvoyants envisagent comme une menace pour l'avenir de notre commerce? La liberté commerciale ne serait-elle donc pas fondée éternellement, et, avec l'Empire, qui la fit adopter et aimer, est-elle destinée à disparaître du sol qu'elle a fécondé?

Oui, la chute de l'Empire a compromis l'œuvre des traités de commerce à laquelle la France et les campagnes, en particulier, doivent une si grande part de leur fortune présente, et, de tous côtés, si vous ne venez promptement y mettre ordre, l'édifice de votre relèvement matériel et moral s'écroulera dans l'effondrement de notre glorieux passé.

Déjà deux fois, la république de 1870, tout entière à ses intrigues et à ses passions, a cherché à vous fermer ces débouchés précieux que l'Empire vous avait ouverts, et, depuis deux ans, les documents les plus authentiques vous dénoncent, dans le montant de nos affaires avec les marchés étrangers, une diminution qui, à l'heure actuelle, n'est pas moindre de 600 millions. Plusieurs de nos industries les plus riches et autrefois les plus florissantes sont en pleine décadence : la soierie jette un cri d'alarme, et, si la crise n'a pas pris un caractère plus aigu, c'est encore à l'Empire qu'on le doit, à l'Empire, qui, dans sa prévoyance, avait fixé de judicieuses limites à la dénonciation des traités de commerce. Or, ne l'oubliez pas, si la liberté des échanges venait à succomber sous les coups de cette coalition radicale et d'intérêts particuliers qui vous hait et vous envie, ce jour-là, votre prospérité s'évanouirait, vos richesses s'amoindriraient et votre prépondérance morale ferait place à une odieuse servitude.

Passerons-nous maintenant à la question de l'épargne, qui vous a grandis matériellement et placés si haut dans l'échelle sociale? Qu'était-elle avant l'Empire? Qu'étiez-vous donc vous-mêmes, modestes habitants des champs qu'on croyait naguère stigmatiser par le nom de ruraux qui a fait votre force et fera toujours votre honneur?

L'épargne, on ne la connaissait point, ou du moins il eût été difficile de la calculer. Seules, les classes élevées avaient le loisir d'accumuler le profit de vos durs labeurs : la rente ne s'abaissait pas au niveau des petites bourses, et la terre n'offrait pas assez de bénéfices pour mériter vos suffrages. D'ailleurs, vos modiques salaires vous l'eussent-ils permis, et n'aviez-vous pas d'abord à songer au soin de vos existences, que le produit de votre travail était souvent insuffisant à soutenir? Avec l'Empire, la vie s'offrit pour vous sous de plus riants aspects; vos récoltes, recherchées partout, s'échangèrent contre des revenus rémunérateurs, sur lesquels la prévoyance préleva sa juste part et trouva, avec la diffusion du crédit, un placement sûr et avantageux. Les caisses d'épargne, jusque-là peu répandues, se multiplièrent comme par enchantement; la rente se démocratisa et consentit à s'abriter sous vos modestes toits. Vous aviez autrefois des cahutes mal bâties, faites de chaume et de boue, où vos vies s'étiolaient; aujourd'hui, vos demeures se sont agrandies, transformées et laissent circuler par leurs larges ouvertures l'air et la santé. Avec les bénéfices de vos récoltes, vous agrandissez les champs de vos pères et aménagez des terres jadis incultes, qui rendent maintenant au centuple la semence que vous leur confiez; puis, quand la terre est assez vaste pour suffire à votre labeur ou à vos besoins, vous transformez vos écus en bons titres de rente, en obligations de chemins de fer ou en valeurs industrielles; vos fils s'instruisent et s'élèvent graduellement dans la voie de la morale et du bien-être, et votre table, devenue confortable, peut encore offrir une place à l'indigence et lui servir de ces restes dont vos grands-pères eux-mêmes eussent assurément fait leurs délices.

A qui donc devez-vous ces bienfaits, si ce n'est à l'Empire? Et qui donc vous les pourrait conserver, si ce n'est lui? Croyez-vous encore que, sur ce point, la forme du gouvernement soit peu importante? Cependant, la sécurité de la Rente repose tout entière sur la paix publique, sur le respect de la propriété ! Or, n'avez-vous pas vu le parti radical en saper les bases en émettant hautement la prétention de taxer le revenu et en venant, six ans après l'incendie du grand-livre par la Commune, menacer les modestes économies que vous donne le travail ?

Ainsi, chemins de fer et voies de communications, débouchés commerciaux, facilité de l'épargne, ces trois éléments de la richesse et du bien-être des campagnes sont l'œuvre de l'Empire ; l'Empire seul est en droit de les revendiquer parce que lui seul a su les acclimater dans ce pays. On vous dira peut-être que les régimes précédents s'étaient efforcés d'améliorer votre sort ; que leurs intentions à votre égard étaient bonnes et que, si les résultats n'ont pas répondu à leurs vœux, c'est aux circonstances et au temps qu'il en faut faire remonter la cause. N'en croyez rien. Les régimes qui ont précédé l'Empire n'ont rien fait pour vous parce que leur essence s'y opposait : issus d'un principe anti-démocratique, ils ne représentent qu'une fraction de la nation, des intérêts égoïstes et rapaces, hostiles aux intérêts généraux du pays, qui sont les nôtres, et basant leur puissance sur votre faiblesse et votre infériorité.

On ajoutera aussi que le gouvernement républicain comprendra vos aspirations et s'efforcera de conserver intacts les avantages que le passé vous a légués? N'en croyez rien encore. La république qu'on veut vous imposer repose sur la révolution, et elle compte dans son sein vos pires ennemis, le socialisme et la Commune.

Souvenez-vous-en bien, cultivateurs, fermiers, petits propriétaires fonciers, éleveurs, vignerons, vous tous qui vivez de la terre et des fruits qu'elle donne, l'Empire seul vous a donné les biens dont vous jouissez, et lui seul peut vous les conserver et les accroître; sans son avénement, vous ne connaîtriez ni l'aisance ni les bienfaits de la propriété; sans son retour, le présent vous en est un témoignage, vous êtes exposés à perdre les résultats de vos lentes et pénibles conquêtes.

Qu'on ne vienne donc plus nous dire que ces conquêtes, dont vous êtes justement fiers, sont définitivement réalisées. Jamais, au contraire, elles ne furent plus menacées, et la quiétude aveugle qu'on cherche à inspirer au pays qui travaille n'est qu'un leurre dont celui-ci ne tarderait pas à souffrir. Non, le régime politique n'est pas indifférent à la grandeur et à la prospérité de la France; chacun porte avec lui ses conséquences. La monarchie de droit divin ou constitutionnelle sacrifie la masse à une coterie, la république compromet l'avenir par une fausse conception des lois de la richesse et par ce besoin irrésistible de changements et de bouleversements qui est dans son essence; seul, l'Empire, formé d'une sage et équitable alliance de la démocratie et de l'autorité, sait et peut trouver cet équilibre parfait qui provoque le progrès, tout en assurant les conquêtes accomplies, et donne à tous, sans distinction de classes, ce bien-être honorable et digne, capable d'élever les cœurs et d'affermir les fondements de notre civilisation.

Pour vous surtout, habitants des campagnes, l'Empire est vraiment votre gouvernement, car il est le gouvernement de vos intérêts et l'auteur de votre élévation. Il y a deux cent quatre-vingts ans, le plus populaire de nos rois, Henri IV, disait que son vœu le plus cher était de voir le dernier de ses paysans mettre la poule au pot le dimanche. L'Empire a fait mieux pour vous : non-seulement, il vous a donné la poule au pot, mais il vous a conduits à la richesse, et, par elle, à la considération. Sous son règne, vous êtes devenus des citoyens ; par l'habileté et par la sagesse de son administration, vous êtes parvenus à la propriété, qui vous a rendus à la vie politique, dont vous aviez été exclus jusque-là.

Que ce souvenir inspire votre conduite, et si vous avez souci de vos intérêts, si vous voulez que l'avenir réponde pour vous au passé, rappelez, par les voies légales, l'Empire qui vous a fait ce que vous êtes, et imposez silence aux factions qui vous assiégent par l'imposante manifestation de vos suffrages.

Paris. — Imp. F. DEBONS et Ce, 16, rue du Croissant.

www.ingramcontent.com/pod-product-compliance
Ingram Content Group UK Ltd.
Pitfield, Milton Keynes, MK11 3LW, UK
UKHW021118290826
14628UKWH00014B/2658

9 782011 763426